A Kalmus Classic Edition

Leon

BOËLLMANN

SUITE GOTHIQUE

Opus 25

FOR ORGAN

K 03234

Kalmus

SUITE GOTHIQUE

L. BOËLLMANN
Op. 25

I
Introduction - Choral

INDICATION DES JEUX | Fonds et Anches **4. 8. 16.** à tous les claviers | PREPARE *Foundation stops and Reeds 4.8.16. at all keyboards*

Recit p
SW.
fff
G. P. R.
G. CH. SW.
Rall.
R.
SW.
p
Enchaînez

II
Menuet gothique

INDICATION DES JEUX Fonds et Anches **4.8.16.** à tous les claviers | PREPARE *Foundation stops and Reeds 4.8.16. at all keyboards*

ff
G. P. R.
GR.CH.SW.
Poco ritenuto
a Tempo

pp
R.
SW.
ff
G.O.
Gt O.
pp
R.
SW.
dim.

ppp
G. ff
GR.
pp
Réc.
SW.
ff G.
GR.
Réc.
SW.
cresc. molto

ff G. P. R.
GR. CH. SW.
Rall. molto
Rit.

III
Priere à Notre Dame

INDICATION DES JEUX			PREPARE		
	RÉCIT:	Gambe et Voix céleste		*SWELL:*	*Viola di Gamba. Vox angelica*
	G^d ORGUE:	Flûte ou Bourdon 8		*G^t ORGAN:*	*Flûte or Stop diap. 8*
	PÉDALE:	Basses douces 8.16.		*PEDALE:*	*Soft 8..16*

pp
mf
p
sf
pp
Animato
G.R.
GR. SW.
mf

cresc.
f
Réc.
SW
Rit. poco

a poco
1º Tempo
dim.
pp
Réc.
SW.
dim.
G.
pp
GR.

IV
Toccata

INDICATION DES JEUX

- RÉCIT: Fonds et Anches **4. 8**
- POSITIF: Fonds **4. 8** (Anches **4.8** préparées)
- G^{d} ORGUE: Fonds **4. 8** (Anches **4.8.16** préparées)
- PÉDALE: Fonds **4.8.16.32.** Tirasses (Anches préparées)

PREPARE

- *SWELL:* *Foundation stops and Reeds 4.8*
- *CHOIR:* *Foundation stops 4.8 (prepared Reeds 4.8)*
- *G^{t} ORGAN:* *Foundation stops (prepared Reeds 4.8.16)*
- *PEDAL:* *Foundation stops 4.8.16.32 Pedal coupled (Prepared Reeds)*

P. R.
CH. SW.
G. P. R.
GR. CH. SW.
mf

pp
Réc.
SW.

P. R.
CH.SW.

G. P. R.
mf GR. CH. SW.

cresc.
Anch.Ped.
CH. Reeds ped.
cresc.
cresc.
Anches G.
GR. Reeds add.
cresc.
ff
Anches Ped.
Ped. Reeds

sempre ff